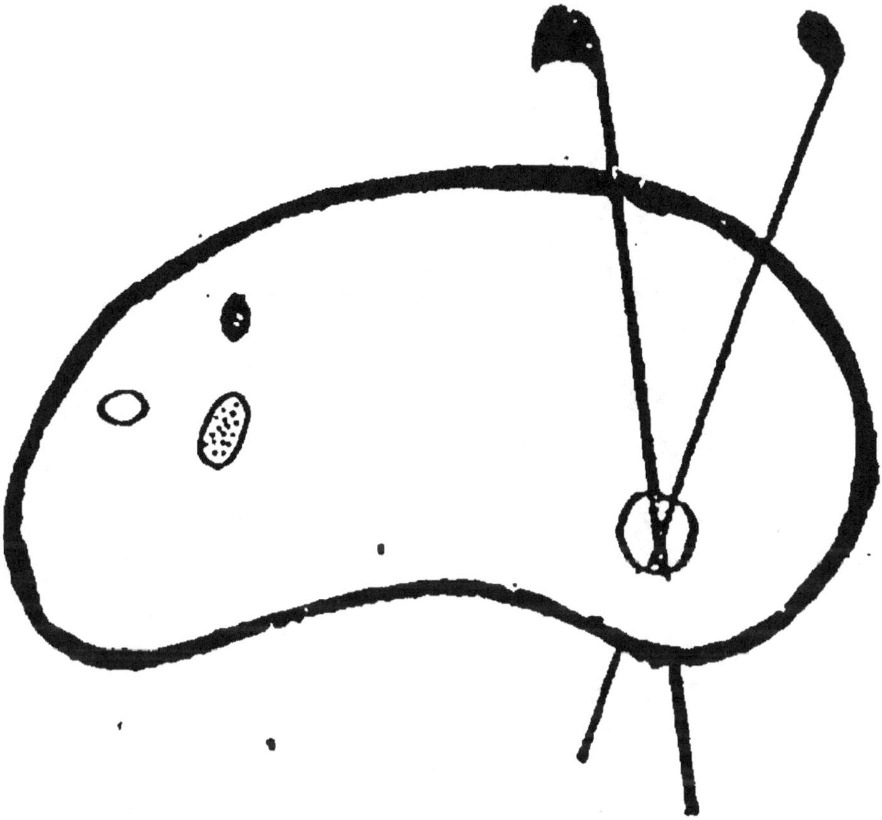

DEBUT D'UNE SERIE DE DOCUMENTS
EN COULEUR

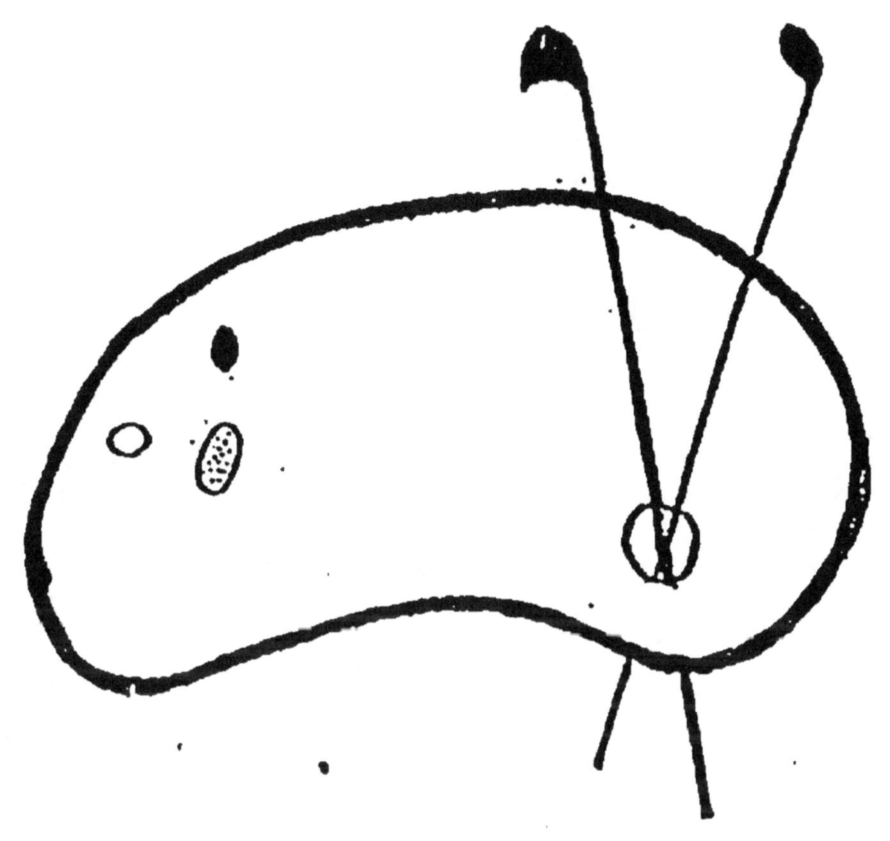

FIN D'UNE SERIE DE DOCUMENTS,
EN COULEUR

Les Écoles

Maternelles

Les Écoles Maternelles

DÉCRETS, RÈGLEMENTS
ET CIRCULAIRES EN VIGUEUR

MIS EN ORDRE ET COMMENTÉS

PAR

MADAME PAULINE KERGOMARD

ACCOMPAGNÉ D'UN EMPLOI DU TEMPS

PARIS

LIBRAIRIE CLASSIQUE FERNAND NATHAN
16 ET 18, RUE DE CONDÉ (6e)

—

PRÉFACE

Dans la circulaire du 22 février 1905, adressée aux inspecteurs d'Académie, le Ministre de l'Instruction publique recommande à ces fonctionnaires « d'exiger que le personnel des écoles maternelles connaisse les lois, règlements et circulaires concernant ces écoles, ne serait-ce que pour se confirmer dans les directions qui leur sont données, pour les opposer aux prétentions de leurs collègues et des familles ».

L'opportunité et la nécessité de cette étude sont indiscutables ; mais la pratique en serait difficile et peut-être fastidieuse pour les éducatrices maternelles, si celles-ci étaient forcées d'étudier tout ce qui règle la matière depuis 1838, pour ne retenir que ce qui reste conforme à la réalité actuelle, mise en lumière par la circulaire du 22 février 1905.

Nous avons fait pour elles le triage et nous leur en présentons le résultat dans cette petite brochure où l'on trouvera exclusivement :

1° Le code des devoirs des membres du personnel administratif et enseignant ;

2° Le code des droits des membres du personnel maternel enseignant, considérés comme fonctionnaires de l'université.

Une école maternelle exigeant pour être autre chose qu'une création imaginaire :

1° Un local meublé et pourvu de matériel ;

2° Un personnel d'éducatrices ayant des devoirs et des droits ;

3° Une population scolaire vers laquelle doivent converger la sollicitude avertie de l'administration, le dévouement intelligent, l'amour profond et agissant des maîtresses, nous avons divisé notre travail en quatre parties :

PREMIÈRE PARTIE : *Local*

a) Local ;
b) Mobilier ;
c) Matériel.

DEUXIÈME PARTIE : *Personnel*

a) Conditions d'âge et de capacité ;
b) Traitement ;
c) Vacances ;
d) Surveillance (inspection) ;
e) Conseil départemental ;
f) Conseil supérieur ;
g) Peines disciplinaires ;
h) Récompenses.

TROISIÈME PARTIE : *Hygiène*

a) Prescriptions légales ;
b) Circulaires.

QUATRIÈME PARTIE : *Enseignement*

a) Décret du 18 janvier 1887 ;
b) Ojet et méthode ;
c) Circulaire du 22 février 1905.

Des notes intercalées dans le texte ont pour but :

1° De rappeler au personnel que les lois ne sont pas immuables ; qu'elles se modifient d'après l'évolution naturelle de l'esprit et de la conscience, ainsi que d'après les conquêtes scientifiques ;

2° D'affirmer le droit et le devoir de tous ceux qui s'occupent de l'enfance, d'envisager les progrès accomplis comme un ferment de progrès nouveaux. Il faut mettre nos écoles en harmonie avec le progrès incessant.

Pauline KERGOMARD.

Les Écoles Maternelles

I

LOCAL

INSTRUCTION SPÉCIALE

CONCERNANT LA CONSTRUCTION, LE MOBILIER ET LE MATÉRIEL
D'ENSEIGNEMENT DES ÉCOLES MATERNELLES PUBLIQUES

(18 janvier 1887)

L'école maternelle comprend:

1° Un vestibule d'entrée formant salle d'attente pour les parents;

2° Une ou deux salles d'exercices;

3° Un préau couvert et fermé;

4° Une cuisine pour préparer ou réchauffer les aliments des enfants;

5° Une cour de récréation avec petit jardin;

6° Un abri avec privés et urinoirs pour les enfants;

7° Un logement pour la directrice, et, s'il y a lieu, un logement pour une ou plusieurs adjointes.

Pour les constructions futures, nous conseillons la distribution ci-dessous :

1° Un vestibule servant de salle d'attente pour les parents;

CONDITIONS GÉNÉRALES

ARTICLE PREMIER. — Le terrain destiné à une école maternelle doit être central, dans de bonnes conditions d'aération, d'un accès facile et sûr, éloigné de tout établissement bruyant, insalubre ou dangereux, à 100 mètres au moins des cimetières.

Le sol, s'il est humide, sera assaini par un drainage.

L'étendue superficielle du terrain sera évaluée à raison de 8 mètres environ par élève; elle ne pourra toutefois être inférieure à 400 mètres.

ART. 2. — La disposition des bâtiments sera déterminée suivant le climat de la région, en tenant compte des conditions hygiéniques, de l'exposition, de la

---

2° Un parloir pour la directrice;

3° Une ou plusieurs salles d'exercices non contiguës;

4° Une salle de récréation;

5° Un réfectoire;

6° Une salle de propreté avec lavabos, bains et séchoirs à serviettes portatifs, permettant de transporter dans la cour le linge mouillé;

7° Une salle de repos avec couchettes recouvertes de moleskine. La cloison de cette chambre sera vitrée pour permettre au personnel de surveiller le sommeil des enfants;

8° Un vestiaire muni de cadres portatifs permettant l'aération dans la cour;

configuration et des dimensions de l'emplacement, des ouvertures libres sur le ciel et surtout de la distance des constructions voisines.

Quand l'école maternelle fera partie d'un groupe scolaire, on évitera de la placer entre l'école de garçons et l'école de filles.

Art. 3. — Tous les locaux à l'usage des enfants seront situés au rez-de-chaussée.

Le rez-de-chaussée sera exhaussé de trois marches de 0^m,15 au-dessus du niveau extérieur.

Art. 4. — Aucun service étranger ne pourra être installé dans les bâtiments de l'école.

SALLES D'EXERCICES

Art. 5. — S'il y a plusieurs salles d'exercices, elles ne pourront être contiguës. Elles devront être en communication avec le préau couvert, soit directement, soit par des couloirs ou galeries d'au moins 1^m,50 de largeur.

Art. 6. — Les salles d'exercices seront de forme rectangulaire.

Leur surface sera calculée de façon à assurer à chaque enfant un minimum de 0^m,80.

La hauteur sous plafond sera de 4 mètres; la largeur maximum, de 8 mètres.

Art. 7. — Le sol sera parqueté en bois dur, scellé, autant que possible, sur bitume.

Toutefois, on admettra les bois de sapin et de pin

9° Une salle d'isolement avec lit, en cas d'indisposition suspecte. Cette chambre serait munie d'une pharmacie élémentaire.

dans les régions où ils sont seuls en usage, à la condition qu'ils seront employés par lames étroites et passées à l'huile de lin bouillante.

Si le plancher n'est pas établi sur caves, il sera posé sur une plate-forme ou couche de matériaux imperméables.

Art. 8. — Les plafonds seront plans et unis.

Une ligne indiquant le nord-sud y sera tracée.

Il n'existera pas de corniche autour des murs.

Sur une hauteur de 1 mètre, le revêtement devra être en boiserie.

Les angles formés par la rencontre des murs ou cloisons entre eux, ou avec les plafonds, seront arrondis sur un rayon de $0^m,10$.

Tous les parements intérieurs seront recouverts d'un enduit lisse permettant de fréquents lavages (¹).

Art. 9. — Les portes seront, de préférence, à un seul vantail et auront $0^m,90$ de largeur.

Les portes donnant directement des salles d'exercices sur l'extérieur (rues, chemins ou cours) sont interdites.

Art. 10. — L'éclairage par le plafond est interdit.

Les fenêtres devront être établies sur les deux murs longitudinaux des salles d'exercices.

Elles seront rectangulaires ou légèrement cintrées. Le nombre en sera calculé et les dimensions proportionnées de façon que la lumière arrive dans toutes les parties de la salle (²).

La distance entre le dessous du linteau et le dessous du plafond sera d'environ $0^m,20$.

(¹) Nous ajouterions de teinte claire.

(²) Il est indispensable qu'elles soient munies de stores ou de rideaux.

L'appui, taillé en glacis sur les deux faces, ne sera pas à plus de 1^m,20 du sol (¹).

Les châssis seront, dans le sens de la hauteur, divisés en deux parties s'ouvrant séparément pour la ventilation.

Art. 11. — On installera dans chaque salle un poêle pourvu d'un réservoir d'eau avec surface d'évaporation.

Ce poêle sera garni d'une double enveloppe métallique ou d'une enveloppe de terre cuite.

Il sera entouré d'une grille en fer et ne contiendra ni four ni chauffe-plats.

Le tuyau de fumée ne devra, en aucun cas, passer au-dessus de la tête des enfants.

Les élèves ne pourront être placés à une distance du poêle moindre de 1^m,25 (²).

Le poêle en fonte à feu direct est interdit.

Art. 12. — Des dispositions seront prises pour assurer, concurremment avec le chauffage, une ventilation convenable de toutes les parties de la salle.

Les orifices d'accès de l'air pur, qui devra être pris

(¹) Cette hauteur de l'appui donne aux écoles des petits une apparence *trop triste*. Un châssis vitré, immobile et grillagé, devrait la diminuer de 60 centimètres.

(²) Ce mode de chauffage doit être abandonné et remplacé par un de ceux que préconisent les spécialistes et les médecins hygiénistes.

Nous recommandons particulièrement le chauffage par le plancher, qui permet de sécher les chaussures et qui simplifie le service.

immédiatement à l'extérieur, et les orifices d'échappement de l'air vicié auront une section suffisante pour prévenir les obstructions.

PRÉAU, CUISINE ET COUR

Art. 13. — La surface du préau sera de $0^m,80$ environ par élève ; la hauteur de 4 mètres sous plafond.

Le préau sera construit conformément aux prescriptions des articles 5, 6, 7, 8, 9, 10, 11 et 12 qui précèdent.

Art. 14. — La cuisine devra être en communication facile avec le préau.

Elle prendra l'air et le jour directement de l'extérieur.

Le sol sera carrelé, dallé ou cimenté.

Art. 15. — La surface de la cour de récréation sera calculée à raison de 3 mètres environ par enfant ; elle ne pourra toutefois avoir moins de 150 mètres.

Art. 16. — Le sol sera sablé. Le bitume, le pavage ou le ciment ne pourront être employés que pour les passages et les trottoirs.

Les passages et les trottoirs ne feront jamais saillie.

Dans le cas où le terrain serait en déclivité, la pente ne devra pas dépasser $0^m,03$ par mètre.

Le nivellement du sol sera établi de façon à assurer l'écoulement des eaux.

Les eaux ménagères ne devront jamais traverser la cour à ciel ouvert.

Art. 17. — La cour de récréation sera plantée d'arbres placés à distance convenable des bâtiments et disposés de façon à ménager l'espace nécessaire aux exercices et aux jeux des enfants.

Un petit jardin devra y être annexé[1].

PRIVÉS

Art. 18. — Toute école maternelle devra être munie de privés distincts pour chaque sexe et d'urinoirs pour les garçons.

Les privés et les urinoirs seront mis en communication par un abri avec le préau.

Art. 19. — Les préaux seront disposés de façon que les vents régnants ne rejettent pas les gaz dans les bâtiments ni dans la cour.

Ils seront divisés par cases. Il y aura une case pour quinze enfants environ.

Chaque case aura $0^m,55$ de largeur sur $0^m,80$ de profondeur.

Art. 20. — Le siège sera couvert d'une lunette en bois. Il aura une hauteur d'environ $0^m,23$ et sera légèrement incliné en avant.

L'orifice, de forme oblongue, aura environ $0^m,20$ sur $0^m,14$. Il ne sera pas à plus de $0^m,05$ du bord.

La cuvette sera munie d'un appareil obturateur[2].

---

[1] De préférence une plate-bande.

[2] Les sièges en bois offrent de réels inconvénients :

1° Ils exigent un essuyage au torchon sec après le passage de chaque enfant ;

2° Malgré cet essuyage, le bois s'imprègne d'humidité, ce qui est un élément de contagion.

Nous les supprimerions. Des cuvettes de faïence à large bord seraient plus faciles à tenir propres, et par conséquent plus conformes à l'hygiène.

Art. 21. — Les urinoirs seront en nombre au moins égal à celui des privés..

Les cases auront environ 0^m,35 de largeur, 0^m,25 de profondeur et 0^m,70 de hauteur.

Art. 22. — Les parois et le sol des privés et des urinoirs seront en matériaux imperméables. Tous les angles seront arrondis.

Une pente sera ménagée pour l'écoulement des liquides vers le siège, avec ouverture d'échappement au-dessus de la fermeture de l'appareil obturateur.

Un service d'eau sera établi pour le nettoyage.

Art. 23. — Les fosses seront fixes ou mobiles.

Les fosses mobiles, quel que soit le système de vidange adopté, seront préférées toutes les fois qu'il sera possible de les établir ; elles seront pourvues d'un ventilateur.

Les fosses fixes seront de petite dimension, sans jamais avoir toutefois moins de 2 mètres de long, de large et de haut. Elles seront voûtées, construites en matériaux imperméables et enduites de ciment.

Elles seront étanches et le fond sera disposé en forme de cuvette ; les angles extérieurs seront arrondis sur un rayon de 0^m,25.

Elles seront établies loin des puits.

Elles seront munies d'un tuyau d'évent, qui sera élevé au-dessus de la toiture des privés aussi haut que l'exigera la disposition des constructions voisines.

Art. 24. — Les urinoirs et les privés n'auront pas de fermeture.

Ils seront masqués par une cloison pleine placée à 0^m,60 du bord des cases. Cette cloison, élevée de 0^m,15 au-dessus du sol, n'aura pas plus de 0^m,70 de hauteur.

LOGEMENTS

Art. 25. — Le logement de la directrice comprendra deux ou trois pièces à feu, une cuisine, des privés intérieurs et une cave. La superficie totale sera de 70 mètres carrés.

Art. 26. — Le logement de l'adjointe comprendra une pièce à feu et un cabinet.

Art. 27. — L'école et les logements seront distincts. Ils n'auront aucune communication directe.

MOBILIER

Art. 28. — Le mobilier des salles d'exercices comprend des tables d'une hauteur, au-dessus du sol, de $0^m,42$ pour la section des petits, de $0^m,45$ pour les plus grands.

Elles auront de préférence, surtout pour la section des petits, la forme ovale, soit $1^m,30$ sur $0^m,90$, et recevront un groupe de huit enfants, à $0^m,45$ par place.

Chaque enfant aura sa petite chaise, dont le siège sera élevé de $0^m,22$ pour les petits, de $0^m,25$ pour les plus grands.

Art. 29. — Si l'on emploie des tables scolaires à deux places et à bancs fixes avec dossier, les dimensions sont ainsi déterminées pour les deux sections :

Hauteur au-dessus du sol, $0^m,42$ et $0^m,45$;

Largeur, $0^m,40$;

Longueur, $0^m,90$;

Hauteur du siège, $0^m,22$ et $0^m,25$;

Distance entre le siège et les tables, $0^m,05$.

Le dessus sera horizontal, si un système simple et économique ne permet pas de l'incliner au besoin pour quelques-uns des exercices des plus grands.

Le dossier du banc est formé par une traverse droite de 0ᵐ,08 de large ; la hauteur de la partie supérieure du dossier au-dessus du siège est de 0ᵐ,18 et 0ᵐ,19.

Le banc a 0ᵐ,20 de large (¹).

Art. 30. — Quelle que soit la forme de tables adoptée, leur disposition dans la salle devra permettre la facile exécution des mouvements et des évolutions.

Le long des murs, les passages auront au moins 0ᵐ,80.

Art. 31. — Une table avec tiroirs servira de bureau pour la maîtresse.

Art. 32. — Des tableaux noirs seront disposés sur les parois de la salle ; placés à 0ᵐ,50 du parquet, ils s'élèveront jusqu'à 1ᵐ,20 au dessus (²).

Art. 33. — Une armoire renfermera le matériel d'enseignement et d'éducation.

PRÉAU COUVERT

Art. 34. — Le mobilier du préau couvert comprend des portemanteaux pour les vêtements et des rayons à claire-voie, disposés le long des parois, pour les paniers ; la hauteur en sera calculée pour que les enfants puissent eux-mêmes placer et reprendre leurs affaires ;

(¹) Quel que soit le genre de mobilier adopté, les bancs et les tables doivent être mobiles et proportionnés à la taille moyenne, non pas de toute la population enfantine, mais aux tailles moyennes d'un certain nombre de groupes d'enfants.

(²) Cette disposition des tableaux noirs est très contestable, au point de vue de l'hygiène des yeux et de la position générale du corps.

Des bancs fixes avec dossier établis au pourtour ;

Des tables et bancs mobiles pour les repas des enfants ; la largeur de la table sera d'au moins 0^m,60 ;

Des lits de repos : un pour dix enfants de la section des petits ;

Des lavabos pourvus de serviettes ; ils seront disposés à l'une des extrémités du préau dans un entourage à claire-voie de 1 mètre de haut, avec portes d'entrée et de sortie. Le sol de cette partie du préau sera carrelé, dallé ou bituminé.

Les cuvettes des lavabos seront établies à raison d'au moins une pour dix enfants. Leur hauteur au-dessus du sol ne dépassera pas 0^m,50.

ART. 35. — Une armoire renfermera le linge de service et quelques vêtements de dessous pour les enfants, en cas de besoin (¹).

ART. 36. — Des bancs en bois, à lames et avec dossiers seront établis au pourtour de la cour de récréation.

Une fontaine d'eau potable sera installée dans la cour.

MATÉRIEL D'ENSEIGNEMENT ET D'ÉDUCATION

ART. 37. — Le matériel d'enseignement et d'éducation comprend :

(¹) Cette armoire devrait contenir les vêtements de dessus et de dessous, réunis par les dames patronnesses, non pour être distribués à tous les enfants à des époques déterminées, mais pour être donnés en temps utile et à bon escient par les directrices.

1° Une collection de jouets pour le préau couvert (par exemple, animaux en bois ou en caoutchouc, poupées et chiffons, soldats de plomb ou de bois, ménages, boîtes de construction, de parquetage, etc.), et pour la cour de récréation (par exemple, seaux, pelles, brouettes, chariots, cordes à sauter, cerceaux, balles, etc.) ;

2° Du sable pour les exercices géographiques et les constructions, soit au préau, soit dans la cour ;

3° Des collections de bûchettes, bâtonnets, lattes, cubes, etc. ;

4° Des collections d'images ;

5° Le matériel nécessaire pour les exercices manuels ;

6° Des ardoises quadrillées d'un côté et unies de l'autre ;

7° Une collection d'objets usuels ;

8° Des lettres mobiles :

9° Un globe terrestre et une carte murale de France ;

10° Un diapason ;

11° Un sifflet.

DÉCRET DU 19 JANVIER 1890

SECTION II

REGISTRES SCOLAIRES

ART. 5. — Les registres scolaires dont la fourniture est à la charge des communes comprennent :

Le registre-matricule ou registre d'inscription des élèves admis à l'école ;

Le registre d'appel ou registre de constatation des présences journalières ;

Le registre d'inventaire du mobilier de l'école et du matériel d'enseignement ;

Le registre d'inventaire du mobilier personnel, quand ce mobilier est fourni aux instituteurs par la commune ;

Le catalogue des livres de la bibliothèque scolaire avec le registre des entrées et des sorties ;

Et, en outre, dans les écoles maternelles, le registre destiné au médecin de l'école.

Art. 6. — Toute commune devra mettre à la disposition de la commission scolaire un registre de délibérations, ainsi que les imprimés nécessaires pour l'exécution de la loi du 28 mars 1882.

II

TITRES DE CAPACITÉ
AGE — MODE DE NOMINATION
TRAITEMENT

Art. 62 (*Loi du 30 octobre 1886*). - Les directrices d'écoles maternelles publiques sont assimilées aux institutrices publiques.

Il ne sera pas délivré de titres de capacité distinct pour les écoles maternelles. A dater du 1er janvier 1888, le titre requis pour enseigner dans toutes les écoles énumérées aux paragraphes 1 et 2 de l'article 1er de la présente loi sera le brevet élémentaire. Toutefois les personnes munies du certificat d'aptitude à la direction des salles d'asile, lors de la promulgation de la présente loi, continueront à jouir des droits que leur confère la loi du 16 juin 1881.

Art. 7 (*Loi du 30 octobre 1886*). — Nul ne peut enseigner dans une école primaire de quelque degré que ce soit avant l'âge de dix-huit ans pour les instituteurs et dix-sept ans pour les institutrices.

Nul ne peut diriger une école avant l'âge de vingt et un ans.

Art. 6 (*décret du 18 janvier 1887*). — Nulle ne peut

être nommée directrice d'école maternelle sans être pourvue du certificat d'aptitude pédagogique.

Nulle ne peut diriger une école maternelle annexée à une école normale si elle n'a vingt-cinq ans, et si elle n'a exercé pendant deux ans dans les écoles maternelles publiques ou privées.

Art. 52 (*Loi de finances du* 23 *avril* 1903). — Le traitement des instituteurs et institutrices de chaque classe est fixé ainsi qu'il suit :

INSTITUTEURS	INSTITUTRICES
Stagiaires.. 1.100 francs	Stagiaires.. 1.100 francs
5ᵉ classe... 1.200	5ᵉ classe... 1.200
4ᵉ classe... 1.500	4ᵉ classe... 1.400
3ᵉ classe... 1.800	3ᵉ classe... 1.600
2ᵉ classe... 2.000	2ᵉ classe... 1.800
1ʳᵉ classe... 2.200	1ʳᵉ classe... 2.000

Art. 8 (*Loi du* 19 *juillet* 1889). — Les titulaires chargés de la direction d'une école comprenant plus de deux classes reçoivent à ce titre un supplément de traitement de 200 francs. Ce supplément est porté à 400 francs, si l'école comprend plus de quatre classes.

Art. 38 nouveau (*Loi du* 25 *juillet* 1893, § 7). — La retenue pour pensions de retraites portera, pour le personnel des écoles maternelles de Paris, sur le traitement qui leur est assigné par le règlement d'administration publique pris en exécution de l'article 48 et qui se compose de deux éléments : traitement légal et indemnité de résidence.

Art. 8 (*décret du* 18 *janvier* 1887). — Une femme de service doit être attachée à toute école maternelle.

Elle est nommée par la directrice, avec agrément du maire, et révoquée dans la même forme.

Le traitement de la femme de service est exclusivement à la charge de la commune.

NOMINATION DU PERSONNEL ENSEIGNANT

(Loi du 30 octobre 1886)

ART. 26. — Les instituteurs et institutrices stagiaires enseignent en vertu d'une délégation de l'Inspecteur d'académie.

Cette délégation peut être retirée par l'Inspecteur d'académie, sur l'avis motivé de l'Inspecteur primaire.

Les stagiaires sont passibles des mêmes peines disciplinaires que les titulaires, sauf la révocation.

Ces peines leurs sont applicables sous les conditions et garanties prévues par la présente loi.

ART. 27. — Le conseil départemental, après avoir pris connaissance des demandes de tous les candidats qui se sont inscrits à l'inspection académique, dresse, chaque année, et complète, s'il y a lieu, au cours de l'année, une liste des instituteurs et des institutrices admissibles aux fonctions de titulaire, soit pour être chargés d'une école, soit pour être chargés d'une classe en qualité d'adjoint.

La nomination des instituteurs titulaires est faite par le Préfet, sous l'autorité du Ministre de l'Instruction publique et sur la proposition de l'Inspecteur d'académie.

Toutefois, lorsque les besoins de la population l'exigeront, sur la demande du conseil municipal et après avis de l'Inspecteur d'académie, le Préfet pourra réduire la durée de la fermeture des écoles maternelles à quinze jours ou même décider qu'elles resteront ouvertes pendant toute l'année.

ART. 3. — Dans tous les cas, la directrice et les adjointes ont droit à un congé d'un mois.

Art. 4. — Dans les écoles maternelles à plusieurs classes, les congés accordés à la directrice et aux adjointes sont pris successivement.

CIRCULAIRE

RELATIVE A LA RÉDUCTION DE LA DURÉE DES VACANCES DANS LES ÉCOLES MATERNELLES (¹)

(10 juin 1895)

MONSIEUR LE PRÉFET,

Les suppléances des directrices des écoles maternelles n'ayant pas d'adjointe, autorisées conformément aux dispositions de l'article 4 de l'arrêté du 4 janvier 1894, ont donné lieu, au point de vue de la liquidation de la dépense qui en résultait, à des réclamations qu'il convient de prévenir.

L'arrêté du 4 janvier, en reconnaissant aux maîtresses des écoles maternelles le droit à un mois de congé, a stipulé en même temps, dans son article 2, que ces écoles devaient être fermées pendant la même durée.

(¹) Cette question des vacances préoccupe à juste titre le personnel des écoles maternelles dont la tâche est extrêmement pénible, et exigerait un repos au moins aussi long que celui que la loi accorde au personnel primaire.

L'Administration a pris à cœur de la régler selon la justice, et nous pensons que la solution en est prochaine.

La réserve contenue dans le deuxième paragraphe dudit article 2 est ainsi conçue :

« Toutefois, lorsque les besoins de la population l'exigeront, sur la demande du Conseil municipal et après avis de l'Inspecteur d'académie, le Préfet pourra réduire la durée de la fermeture des écoles maternelles à quinze jours ou même décider qu'elles resteront ouvertes pendant toute l'année », n'a eu d'autre but que de donner toutes facilités aux exigences locales. Mais il va de soi que l'État ne peut prendre à sa charge les dépenses qu'occasionnent des convenances particulières.

Je vous prie donc de vouloir bien n'accorder de réduction dans la durée de la fermeture des écoles maternelles de votre département qu'autant que les communes intéressées se seront préalablement engagées à pourvoir, s'il y a lieu, aux frais de suppléance des directrices.

Recevez, etc.

Surveillance. — Inspection

(Loi du 30 octobre 1886)

DE L'INSPECTION

Art. 9. — L'inspection des établissements d'instruction primaire publics ou privés est exercée :

1° Par les Inspecteurs généraux de l'Instruction publique ;

2° Par les Recteurs et les Inspecteurs d'académie ;

3° Par les Inspecteurs de l'enseignement primaire ;

4° Par les membres du Conseil départemental désignés à cet effet, conformément à l'article 50.

Toutefois les écoles privées ne pourront être inspectées par les instituteurs et institutrices publics qui font partie du Conseil départemental ;

5° Par le maire et les délégués cantonaux ;

6° Dans les écoles maternelles, concurremment avec les autorités précitées, par les Inspectrices générales et les Inspectrices départementales des écoles maternelles ;

7° Au point de vue médical, par les médecins inspecteurs communaux ou départementaux.

L'inspection des écoles publiques s'exerce conformément aux règlements délibérés par le Conseil supérieur.

Celle des écoles privées porte sur la moralité, l'hygiène, la salubrité et sur l'exécution des obligations imposées à ces écoles par la loi du 28 mars 1882. Elle ne peut porter sur l'enseignement que pour vérifier s'il n'est pas contraire à la morale, à la Constitution et aux lois.

DÉCRET

(18 janvier 1887)

TITRE III

DES AUTORITÉS PRÉPOSÉES A L'ENSEIGNEMENT DES CONSEILS DE L'ENSEIGNEMENT PRIMAIRE

CHAPITRE I

DE L'INSPECTION

SECTION I : *Inspecteurs généraux.* — ART. 123. — Les Inspecteurs généraux sont nommés par le Président de la République, sur la proposition du ministre des l'Instruction publique.

Ils sont répartis en deux classes. Nul ne peut être promu à la première classe, s'il n'a passé cinq ans au moins dans la seconde.

ART. 124. — Les Inspecteurs généraux se réunissent en Comité consultatif sous la présidence du Directeur de l'enseignement primaire, pour étudier les questions qui leur sont soumises par le Ministre.

SECTION II : *Inspecteurs de l'enseignement primaire.* — ART. 125. — Nul ne peut être nommé inspecteur do l'instruction primaire, s'il n'est pourvu du certificat d'aptitude à l'inspection.

Art. 126. — Les fonctions d'inspecteur de l'instruction primaire sont incompatibles avec tout autre emploi rétribué.

Toutefois le Ministre peut autoriser les inspecteurs primaires à accepter les fonctions d'inspecteur des enfants employés dans les manufactures.

Le paragraphe 4 de l'article 127 a été modifié comme il suit par décret du 4 août 1892.

Art. 127 (nouveau). — Les inspecteurs primaires sont répartis en classes.

La classe est attachée à la personne et non à la résidence.

Une indemnité de résidence pourra être accordée aux inspecteurs primaires dans des conditions qui seront déterminées par un arrêté spécial.

Les promotions de classe sont accordées chaque année aux fonctionnaires énumérés aux articles 14, 16, 17, 18, 21 et 22 de la loi précitée (19 *juillet* 1889), sur les propositions des Recteurs et des Inspecteurs généraux réunis en Comité.

Art. 128. — Les inspecteurs de l'instruction primaire sont placés sous l'autorité immédiate de l'Inspecteur d'académie; ils ne reçoivent d'instructions que de lui ou du Recteur, des Inspecteurs généraux et du Ministre.

Art. 129. — Ils inspectent les écoles primaires publiques et privées de leur circonscription;

Ils assistent avec voix délibérative aux réunions des délégués cantonaux prescrites par l'article 52 de la loi du 30 octobre 1886;

Ils font partie de droit de toutes les commissions scolaires de leur circonscription et veillent à l'exécution de la loi du 28 mars 1882;

Ils président les conférences cantonales d'instituteurs et les commissions d'examen chargées de délivrer le certificat d'études primaires.

Ils instruisent toutes les affaires relatives à la création ou à la construction des écoles publiques, à l'ouverture des écoles privées, des classes d'adultes ou d'apprentis, à l'établissement des caisses des écoles, aux demandes formées par les instituteurs publics et aux déclarations faites par les instituteurs privés, à l'effet d'ouvrir un pensionnat primaire.

Ils donnent leur avis sur la nomination et l'avancement des instituteurs et des institutrices des écoles publiques, sur les récompenses à accorder ou les peines disciplinaires à infliger au personnel enseignant.

Des arrêtés ministériels déterminent le nombre et l'étendue des circonscriptions d'inspection primaire dans chaque département, ainsi que le lieu de résidence des inspecteurs.

Les inspecteurs de l'instruction primaire reçoivent, pour frais de tournée, une indemnité calculée à raison de 10 francs par jour.

Section III. — *Inspectrices générales et inspectrices départementales des écoles maternelles.* — Les Inspectrices générales et les Inspectrices départementales des écoles maternelles sont nommées par le Ministre.

Nulle ne peut être nommée Inspectrice générale sans avoir au moins trente-cinq ans d'âge et cinq ans de services dans l'enseignement public ou privé, et sans être pourvue du certificat d'aptitude à l'inspection des écoles maternelles.

Cet arrêté a été modifié par article 3 du décret du 1er janvier 1891 ainsi conçu :

Les aspirantes aux fonctions d'inspectrice de l'enseignement primaire devront justifier de la possession du certificat d'aptitude à l'inspection primaire et à la direction des écoles normales, institué par l'article 106 du décret du 18 janvier 1887.

Sont applicables aux inspectrices de l'enseignement primaire les articles 125, 126, 128, 130 et 131, du décret du 18 janvier 1887.

Les inspectrices primaires inspectent les écoles de filles, les écoles mixtes et les écoles maternelles, tant publiques que privées de leur circonscription.

Elles assistent avec voix délibérative aux réunions des délégués cantonaux.

Elles dirigent les enquêtes et instruisent les affaires dont elles sont chargées par l'inspecteur d'académie.

Elles donnent leur avis sur la nomination et l'avancement des institutrices, ainsi que sur les récompenses à accorder ou les peines disciplinaires à infliger au personnel des écoles de filles et des écoles maternelles.

Une inspectrice générale fait partie du Comité consultatif de l'enseignement primaire.

Nulle ne peut être nommée Inspectrice départementale sans avoir trente ans d'âge et trois ans de services dans l'enseignement public ou privé, et sans être pourvue du certificat d'aptitude à l'inspection des écoles maternelles.

Les inspectrices départementales donnent leur avis sur la nomination et la révocation des directrices et sous-directrices d'écoles maternelles publiques, ainsi que sur les récompenses qui peuvent leur être accordées.

Les dispositions des articles 128 et 131 ci-dessus sont applicables aux Inspectrices départementales des écoles maternelles.

Des autres autorités

chargées de l'Inspection et de la Surveillance des Écoles

Nul ne peut être délégué cantonal s'il n'est Français et âgé de vingt-cinq ans au moins [1].

Nul chef ou professeur d'un établissement quelconque d'instruction primaire ne peut être délégué cantonal.

Les délégués cantonaux n'ont entrée que dans les écoles soumises spécialement par le conseil départemental à la surveillance de chacun d'eux.

Ils communiquent aux Inspecteurs de l'instruction primaire tous les renseignements utiles qu'ils ont pu recueillir.

Ils peuvent être consultés sur la convenance des locaux que les communes sont obligées de fournir pour la tenue de leurs écoles publiques.

Sur la fixation du nombre des écoles à établir dans

---

[1] Les femmes pourront faire partie des délégations cantonales, puisqu'elles font partie du Conseil départemental. — *Déclaration du Ministre.* — *Sénat, séance du 29 mars 1886.*

les communes et sur l'opportunité de la création d'écoles de hameau.

Sur les demandes de création d'emplois d'instituteur adjoint et d'institutrice adjointe.

L'inspection des autorités préposées à la surveillance des écoles en vertu des paragraphes 4 et 5 de l'article 9 de la loi du 30 octobre 1886 portera, dans les écoles publiques, sur l'état des locaux et du matériel, sur l'hygiène et sur la tenue des élèves.

Elle ne pourra jamais porter sur l'enseignement.

Les médecins désignés au paragraphe 7 de l'article 9 (p. 52) de la loi précitée n'auront entrée dans les écoles qu'après avoir été agréés par le préfet.

Ils devront remplir les conditions mentionnées en l'article 136 du présent décret.

Leur inspection ne pourra porter que sur la santé des enfants, la salubrité des locaux et l'observation des règles de l'hygiène scolaire.

Les dames spécialement déléguées pour l'inspection et la surveillance des internats de jeunes filles sont nommées par le Ministre, sur la proposition de l'inspecteur d'académie et avec l'agrément du préfet.

Elles doivent être âgées de trente ans au moins.

Leur mission est gratuite. Toutefois une indemnité peut leur être allouée pour frais de déplacement.

Elles visitent les établissements qui leur sont désignés par l'Inspecteur d'académie.

Leur inspection porte exclusivement sur le régime intérieur du pensionnat et sur l'état des locaux affectés aux élèves internes. Elles s'assurent que les règles de l'hygiène sont observées dans l'établissement et que les dortoirs ne contiennent pas plus d'enfants qu'ils ne doivent en recevoir d'après le chiffre fixé par le Conseil départemental.

Leurs observations sont consignées dans un rapport écrit qu'elles adressent à l'Inspecteur d'académie.

En dehors des autorités désignées par l'article 9 de la loi du 30 octobre 1886, nul ne peut inspecter ni surveiller aucun établissement d'instruction primaire.

L'entrée des écoles publiques de tout ordre est formellement interdite, à moins d'autorisation spéciale, à toute personne autre que celles qui sont désignés par la loi pour l'inspection et la surveillance des établissements d'instruction primaire.

Toutefois les préfets et sous-préfets ont entrée dans les écoles publiques de leurs départements ou de leurs arrondissements respectifs.

Art. 10. — Il peut être établi, dans chaque commune où il existe une école maternelle publique, un ou plusieurs comités de dames patronnesses présidés par le maire.

Les membres de ce comité sont nommés pour trois ans par l'Inspecteur d'académie, après avis du maire.

Ce comité a pour attribution exclusive de veiller à l'observation des prescriptions de l'hygiène, à la bonne tenue de l'établissement, à l'emploi des fonds ou dons en nature recueillis en faveur des enfants.

TITRE IV

DES CONSEILS DE L'ENSEIGNEMENT PRIMAIRE

CHAPITRE I

DU CONSEIL DÉPARTEMENTAL

Il est institué dans chaque département un Conseil de l'enseignement primaire composé ainsi qu'il suit :

1° Le préfet, président ;

2° L'inspecteur d'académie, vice-président ;

3° Quatre conseillers généraux élus par leurs collègues ;

4° Le directeur de l'école normale d'instituteurs et la directrice de l'école normale d'institutrices ;

5° Deux instituteurs et deux institutrices élus respectivement par les instituteurs et institutrices publics titulaires du département et éligibles, soit parmi les directeurs et directrices d'écoles à plusieurs classes ou d'écoles annexes à l'école normale, soit parmi les instituteurs et institutrices en retraite ;

6° Deux inspecteurs de l'enseignement primaire désignés par le Ministre.

Aucun membre du Conseil ne pourra se faire remplacer.

Pour les affaires contentieuses et disciplinaires intéressant les membres de l'enseignement privé, deux membres de l'enseignement privé, l'un laïque, l'autre congréganiste, élus par leurs collègues respectifs, seront adjoints au Conseil départemental.

Art. 45. — Les membres élus du Conseil départemental le sont pour trois ans. Ils sont rééligibles.

Les pouvoirs des conseillers généraux cessent avec leur qualité de conseillers généraux.

Art. 46. — Dans le département de la Seine, le nombre des conseillers généraux sera de huit, celui des inspecteurs primaires sera de quatre, et celui des membres élus, moitié par les instituteurs, moitié par les institutrices, sera de quatorze, à raison de deux pour quatre arrondissements municipaux et de deux pour chacun des arrondissements de Saint-Denis et de Sceaux.

Art. 47. — Les fonctions des membres du Conseil départemental sont gratuites. Cependant une indemnité de déplacement est accordée aux inspecteurs primaires et aux délégués des instituteurs et institutrices qui résident en dehors du chef-lieu du département.

Un règlement d'administration publique (p. 196) déterminera les formes de l'élection et la base de l'indemnité.

ART. 48. — Le Conseil départemental se réunit de droit au moins une fois par trimestre, le préfet pouvant toujours le convoquer selon les besoins du service.

En outre des attributions qui lui sont conférées par les dispositions de la présente loi, le Conseil départemental :

Veille à l'application des programmes, des méthodes et des règlements édictés par le Conseil supérieur, ainsi qu'à l'organisation de l'inspection médicale prévue par l'article 9 ;

Arrête les règlements relatifs au régime intérieur des établissements d'instruction primaire ;

Détermine les écoles publiques auxquelles, d'après le nombre des élèves, il doit être attaché un instituteur adjoint ;

Délibère sur les rapports et propositions de l'Inspecteur d'académie, des délégués cantonaux et des commissions municipales scolaires ;

Donne son avis sur les réformes qu'il juge utile d'introduire dans l'enseignement, sur les secours et encouragements à accorder aux écoles primaires et sur les récompenses ;

Entend et discute tous les ans un rapport général de l'inspecteur d'académie sur l'état et les besoins des écoles publiques et sur l'état des écoles privées ; ce rapport et le procès-verbal de cette discussion sont adressés au ministre de l'Instruction publique.

ART. 49. — La présence de la moitié plus un des membres du Conseil est nécessaire pour la validité de ses délibérations.

En cas de partage des voix, celle du Président est répondérante.

Les Conseils départementaux peuvent appeler dans leur sein les membres de l'enseignement et toutes les autres personnes dont l'expérience leur paraîtrait devoir être utilement consultée.

Les personnes ainsi appelées n'ont pas voix délibérative.

ART. 50. — Le Conseil départemental peut déléguer au tiers de ses membres le droit d'entrer dans tous les établissements d'instruction primaire, publics ou privés, du département.

Ces délégués se conformeront aux règles tracées pour l'inspection par l'article 9.

ART. 51. — Les directeurs et directrices d'écoles primaires supérieures publiques et les instituteurs et institutrices nommés membres du Conseil départemental seront adjoints au corps électoral chargé, aux termes de l'article 1er de la loi du 27 février 1880 (p. 1), d'élire les membres de l'enseignement primaire qui font partie du Conseil supérieur de l'Instruction publique.

ART. 52. — Le Conseil départemental désigne un ou plusieurs délégués résidant dans chaque canton pour surveiller les écoles publiques et privées du

---

La Commission entend que dans cette expression *les instituteurs et institutrices* sont compris les directeurs des écoles annexes des écoles normales que nous avons visés dans l'article 44. Nous ne voudrions pas qu'il y eût un doute à cet égard : les directeurs des écoles annexes sont des instituteurs. — *Déclaration du Rapporteur — Sénat. — Séance du 20 mars 1886.*

canton, et il détermine les écoles particulièrement soumises à la surveillance de chacun d'eux.

Les délégues sont nommés pour trois ans. Ils sont rééligibles et toujours révocables. Chaque délégué correspond tant avec le Conseil départemental, auquel il doit adresser ses rapports, qu'avec les autorités locales pour tout ce qui regarde l'état et les besoins de l'enseignement primaire dans sa circonscription.

Il peut, lorsqu'il n'est pas membre du Conseil départemental, assister à ses séances avec voix consultative pour les affaires intéressant les écoles de sa circonscription.

Les délégués se réunissent au moins une fois tous les trois mois au chef-lieu du canton, sous la présidence de celui d'entre eux qu'ils désignent, pour convenir des avis à transmettre au Conseil départemental.

Art. 53. — A Paris, les délégués nommés pour chaque arrondissement par le Conseil départemental se réunissent une fois tous les mois, sous la présidence du maire ou d'un de ses adjoints par lui désigné.

Conseil supérieur

Le Conseil supérieur de l'Instruction publique, présidé par M. le Ministre, se compose de 57 membres, dont 13 sont nommés par le Président de la République, et les 44 autres sont élus par leurs pairs pour une période de quatre ans, dans les différents ordres de l'enseignement supérieur, de l'enseignement secondaire et de l'enseignement primaire.

Les six membres de l'enseignement primaire sont élus au scrutin de liste par les inspecteurs généraux de l'enseignement primaire, le directeur de l'enseignement primaire de la Seine, les inspecteurs d'Académie, les inspecteurs de l'enseignement primaire, les directeurs et directrices des Écoles normales primaires, les inspectrices générales et les inspectrices des écoles maternelles, les directeurs et directrices d'écoles primaires supérieures publiques et les instituteurs et institutrices faisant partie des conseils départementaux.

Quatre membres de l'enseignement libre, nommés par le Président de la République sur la proposition du ministre.

ART. 2. — Tous les membres du Conseil sont nommés pour quatre ans. Leurs pouvoirs peuvent être indéfiniment renouvelés.

ART. 3. — Les neuf membres nommés conseillers par décret du Président de la République, et six conseillers que le ministre désigne parmi ceux qui procèdent de l'élection, constituent une Section permanente.

ART. 4. — La Section permanente a pour fonctions :

D'étudier les programmes et règlements avant qu'ils ne soient soumis à l'avis du Conseil supérieur.

Elle donne son avis :

Sur les créations de facultés, lycées, collèges, écoles normales primaires;

Sur les créations, transformations ou suppressions de chaires;

Sur les livres de classe, de bibliothèque et de prix qui doivent être interdits dans les écoles publiques;

Et enfin sur toutes les questions d'études, d'administration, de discipline ou de scolarité qui lui sont renvoyées par le Ministre.

ART. 5. — Le Conseil donne son avis :

Sur les programmes, méthodes d'enseignement, modes d'examens, règlements administratifs et disciplinaires relatifs aux écoles publiques, déjà étudiés par la Section permanente;

Sur les règlements relatifs aux examens et à la collation des grades;

Sur les règlements relatifs à la surveillance des écoles libres;

Sur les livres d'enseignement, de lecture et de prix qui doivent être interdits dans les écoles libres comme contraires à la morale, à la Constitution et aux lois;

Sur les règlements relatifs aux demandes formées par les étrangers pour être autorisés à enseigner, à ouvrir ou à diriger une école.

Art. 6. — Un décret rendu en la forme des règlements d'administration publique, après avis du Conseil supérieur de l'Instruction publique, détermine le tarif des droits d'inscription, d'examen et de diplôme à percevoir dans les établissements d'enseignement supérieur, chargés de la collation des grades, ainsi que les conditions d'âge pour l'admission aux grades.

L'article 14 de la loi du 14 juin 1854 est abrogé.

Art. 7. — Le Conseil statue en appel et en dernier ressort sur les jugements rendus par les Conseils académiques en manière contentieuse ou disciplinaire.

Il statue également en appel et en dernier ressort sur les jugements rendus par les Conseils départementaux, lorsque ces jugements prononcent l'interdiction absolue d'enseigner contre un instituteur primaire, public ou libre.

Lorsqu'il s'agit : 1° de la révocation, du retrait d'emploi, de la suspension des professeurs titulaires de l'enseignement public, supérieur ou secondaire, ou de la mutation pour emploi inférieur des professeurs titulaires de l'enseignement public supérieur; 2° de l'interdiction du droit d'enseigner ou de diriger un établissement d'enseignement prononcée contre un membre de l'enseignement, public ou libre; 3° de l'exclusion des étudiants de l'enseignement public ou libre de toutes les académies, la décision du Conseil supérieur de l'Instruction doit être prise aux deux tiers des voix.

Peines disciplinaires

Les peines disciplinaires applicables au personnel de l'enseignement primaire public sont :

1° La réprimande ;

2° La censure ;

3° La révocation ;

4° L'interdiction à temps, dont la durée ne pourra excéder cinq années ;

5° L'interdiction absolue.

La réprimande est prononcée par l'inspecteur d'académie.

La censure est prononcée par l'Inspecteur d'académie, après avis motivé du Conseil départemental. Elle peut être prononcée avec insertion au *Bulletin des actes administratifs*.

La révocation est prononcée par le préfet, sur la proposition de l'inspecteur d'académie, après avis motivé du Conseil départemental. Dans le cas de révocation, le fonctionnaire inculpé a le droit de comparaître devant le Conseil et d'obtenir préalablement communication des pièces du dossier.

Le fonctionnaire révoqué peut, dans le délai de vingt jours, à partir de la signification de l'arrêté préfectoral, interjeter appel devant le ministre.

Le pourvoi n'est pas suspensif.

Les directeurs et directrices d'écoles primaires supérieures et d'écoles manuelles d'apprentissage, ainsi que les professeurs mentionnés dans l'article 24, sont déplacés ou révoqués par le ministre de l'Instruction publique dans les formes déterminées par le troisième paragraphe du présent article.

L'interdiction à temps et l'interdiction absolue sont prononcées par jugement du Conseil départemental,

Le fonctionnaire inculpé sera cité à comparaître en personne. Il pourra se faire assister par un défenseur et prendre communication du dossier.

La décision du Conseil départemental sera motivée.

Le fonctionnaire interdit a le droit, dans le délai de vingt jours à partir de la signification du jugement, d'interjeter appel devant le Conseil supérieur de l'instruction publique.

Cet appel ne sera pas suspensif.

Un décret rendu en la forme des règlements d'administration publique déterminera les règles de la procédure pour l'instruction, le jugement et l'appel.

Dans les cas graves et urgents, l'inspecteur d'académie, s'il juge que l'intérêt d'une école exige cette mesure, a le droit de prononcer la suspension provisoire d'un instituteur, pendant la durée de l'enquête disciplinaire, à la condition de saisir de l'affaire le Conseil départemental dès sa prochaine session.

Cette suspension n'entraîne pas de privation de traitement.

Récompenses honorifiques

(Arrêté organique du 18 janvier 1887)

Les médailles et mentions honorables dont il est question à l'article 34 de la loi du 30 octobre 1886 sont décernées par le ministre, le 14 juillet de chaque année, aux instituteurs et institutrices, dans chaque département, sur la proposition conforme du préfet et de l'inspecteur d'académie, après avis du Conseil départemental.

Il peut être accordé, chaque année, aux instituteurs, institutrices et directrices d'écoles maternelles de chaque département :

Une médaille d'argent pour chaque groupe de 300 titulaires et stagiaires, et une en plus pour toute fraction excédant 150 ;

Une médaille de bronze pour 150 titulaires et stagiaires ;

Une mention honorable pour 100.

Nul ne peut obtenir la mention honorable s'il ne compte au moins cinq ans de service comme titulaire.

Nul ne peut obtenir la médaille de bronze s'il n'a reçu la mention honorable depuis deux années au moins.

Nul ne peut obtenir la médaille d'argent s'il n'a reçu la médaille de bronze depuis deux années au moins.

Pour obtenir le titre d'honoraire, les instituteurs, institutrices et directrices d'écoles maternelles doivent remplir les conditions suivantes : justifier de vingt-cinq ans de service ; être pourvu au moins de la médaille de bronze.

Les nominations sont publiées au *Bulletin administratif* du ministère.

Les instituteurs honoraires seront admis à prendre part, avec voix délibérative, aux conférences pédagogiques dans le canton où ils résident.

Les instituteurs, institutrices et directrices d'écoles maternelles admis à la retraite antérieurement à la promulgation de la loi du 10 octobre 1886 peuvent obtenir le titre d'honoraire, s'ils remplissent les conditions prescrites par l'article 130 du présent arrêté.

III

HYGIÈNE

Voir l' « Instruction spéciale » concernant la construction, le mobilier et le matériel d'enseignement dans les Ecoles maternelles. Décret du 18 janvier 1887, art. (1 à 24) pages 7 à 18 de la présente brochure.

ARRÊTÉ ORGANIQUE DU 18 JANVIER 1887

DISPOSITIONS ADDITIONNELLES DU 24 JUILLET 1888 JUSQU'A JUILLET 1889

ART. 3. — Aucun enfant n'est reçu dans une école maternelle s'il n'est muni d'un billet d'admission signé par le maire, et s'il ne produit un certificat du médecin, dûment légalisé, constatant qu'il n'est atteint d'aucune maladie contagieuse, et qu'il a été vacciné (¹).

(¹) Le certificat du médecin a exclusivement en vue la sauvegarde des petits camarades. Muet sur la santé, sur le tempérament, sur la vue, sur l'ouïe, etc., de l'enfant à admettre, il est tout à fait insuffisant, et devra être mis le plus tôt possible en harmonie

Un médecin nommé par le maire visite une fois par semaine les écoles maternelles. Il inscrit ses observations sur un registre particulier (¹).

Après une absence pour cause de maladie, nul enfant ne sera admis de nouveau à l'école maternelle sans un certificat du médecin attestant sa guérison complète.

L'enfant amené à l'école maternelle dans un état de maladie n'est pas reçu. S'il devient malade dans le courant de la journée, il est reconduit chez ses parents, et, en cas d'urgence, envoyé chez le médecin de l'établissement.

Les enfants fatigués ou indisposés sont déposés sur un lit.

En cas d'absence réitérée d'un enfant, la directrice s'enquiert des causes de cette absence. Elle en donne, dans tous les cas, avis à la présidente du Comité de patronage, et fait visiter, s'il y a lieu, cet enfant dans sa famille.

---

avec la définition de l'École maternelle, considérée comme une *école de soins*.

Quoi qu'il en soit, l'admission de l'enfant ne doit *jamais* précéder la présentation dudit certificat médical.

(¹) Cet article si important n'est appliqué que dans un nombre dérisoire de communes. Il tombe cependant sous le sens que l'école maternelle ne répondra véritablement à son objet que lorsqu'il sera appliqué rigoureusement.

Eau potable

I

RÈGLEMENT MODÈLE DU 18 AOUT 1893

Article premier. — Les écoles doivent être pourvues d'eau pure (eau de source, eau filtrée ou bouillie). L'eau pure sera seule mise à la disposition des élèves.

II

CIRCULAIRE

ADRESSÉE PAR M. RAMBAUD, MINISTRE DE L'INSTRUCTION PUBLIQUE A MM. LES INSPECTEURS D'ACADÉMIE 4 JANVIER 1897

Monsieur l'Inspecteur,

Aux termes de la circulaire du 13 mars 1893, l'avis du Conseil départemental d'hygiène est obligatoire dans tous les cas, que l'établissement à ouvrir soit une école publique ou une école privée.

Cette prescription vous a été rappelée en ce qui concerne les écoles primaires privées par la circulaire du 24 août 1894. Il importe, en effet, pour vous permettre d'exercer le droit d'opposition qui vous a été conféré par l'article 38 de la loi du 30 octobre 1886, que vous soyez saisi en temps utile de l'avis autorisé de ce Conseil.

Son examen porte sur l'état de salubrité des locaux, au point de vue de la situation de l'immeuble, de l'aménagement intérieur et des maisons avoisinantes. Mais j'ai constaté que l'on ne s'inquiète pas toujours de la question de savoir si l'eau qui se trouve dans l'école et que les élèves boiront est saine et non susceptible d'occasionner des maladies.

Je vous prie, en conséquence, de prendre les mesures nécessaires pour que des renseignements précis vous soient toujours fournis sur la qualité de l'eau. Toutes les fois que vous le jugerez nécessaire, vous voudrez bien faire procéder à une analyse de cette eau. Vous aurez d'ailleurs toute facilité pour en envoyer, au besoin, un échantillon au laboratoire de la Faculté des Sciences la plus rapprochée.

J'ai donné des instructions pour que les analyses que vous demanderez soient faites gratuitement et dans un très court délai, l'école aux termes de la loi pouvant être ouverte, sans aucune autre formalité, à l'expiration du délai d'un mois.

Je vous prie de m'accuser réception de la présente circulaire.

Recevez, Monsieur l'Inspecteur, l'assurance de ma considération très distinguée.

III

EXTRAIT D'UNE CIRCULAIRE

DE M. LÉON BOURGEOIS, MINISTRE DE L'INSTRUCTION PUBLIQUE

« Pour les établissements qui n'auraient pas de filtres, et pour ceux qui, même en ayant, se trouveraient dans une localité contaminée ou simplement suspecte, le Comité d'hygiène insiste formellement pour que l'autorité responsable de l'état sanitaire prescrive de ne faire usage pour la boisson que d'une eau qui aura bouilli pendant un quart d'heure au moins et qui sera tenue en vase clos, parfaitement à l'abri du contact de l'air. Cette recommandation s'applique non seulement aux points menacés par le choléra, mais à tous ceux où l'on aurait à redouter d'autres épidémies, la fièvre typhoïde, par exemple.

« La garde du filtre ne doit jamais être confiée exclusivement aux domestiques, surtout pendant la première année du fonctionnement. »

Locaux, Mobilier, Matériel

Voir les articles relatifs à la construction, au mobilier et au matériel, pages 7 à 18 de la présente brochure.

Aération

Pendant la durée des récréations et le soir après le départ des enfants, les classes doivent être aérées par l'ouverture de toutes les fenêtres (¹).

(¹) Cette prescription doit être suivie aussi pendant les évolutions d'un quart d'heure qui séparent les exercices intellectuels ou manuels de l'école maternelle. Ces évolutions ont lieu dans la cour s'il fait beau; dans le préau, s'il pleut.

Elle est même insuffisante; une fenêtre au moins devrait rester ouverte — si le temps n'est pas tout à fait mauvais — pendant que les enfants sont dans les salles.

Propreté des enfants, alimentation

A l'arrivée des enfants à l'école maternelle, la directrice doit s'assurer par elle-même de leur état de santé et de propreté; elle exigera que chacun soit pourvu d'un mouchoir de poche, et que son panier contienne, outre ses aliments, un couvert et une serviette (¹).

(¹) Cet article du règlement du 18 janvier 1887 doit être suivi à la lettre; car ce n'est pas au moment où tous les enfants sont réunis qu'il est possible de s'assurer de leur état de propreté, et de santé. De même l'examen du panier et des aliments qui y sont contenus — abstraction faite des objets indispensables, tels que le couvert et la serviette — demande plus de temps que les maîtresses n'en peuvent donner au moment de l'entrée dans les salles d'exercices.

Avant et après le repas(¹) et à l'issue de la récréation, les enfants doivent être conduits aux lavabos.

(¹) Le régime alimentaire des enfants de l'école maternelle, surtout de ceux de la 1ʳᵉ section (deux à quatre ans), devrait se composer exclusivement de lait, de bouillies, de pâtes, de purées, de légumes et d'œufs.

Leur digestion doit être étroitement surveillée.

Propreté du local

Art. 4. — Le nettoyage du sol ne doit pas être fait à sec par le balayage, mais au moyen d'un linge ou une éponge mouillée promenée sur le sol (¹).

Art. 5. — Hebdomadairement il est fait un lavage du sol à grande eau avec un liquide antiseptique. Un lavage analogue des parois doit être fait au moins deux fois par an, notamment aux vacances de Pâques et aux grandes vacances.

La désinfection doit être effectuée après chaque cas de maladie contagieuse.

(¹) Ou mieux encore à la sciure de bois humide.

Mesures générales à prendre
en présence d'une maladie contagieuse

Le licenciement de l'école ne doit être prononcé que dans les cas spécifiés à l'article 14. Auparavant, l'on doit recourir aux évictions successives et employer les mesures de désinfection prescrites ci-après.

Tout enfant atteint de fièvre (¹) doit être immédiatement éloigné de l'école ou envoyé à l'infirmerie dans le cas d'internat.

Tout enfant atteint d'une maladie contagieuse confirmée doit être éloigné de l'école et, sur l'avis du médecin chargé de l'inspection, cette éviction peut s'étendre aux frères et aux sœurs dudit enfant, ou même à tous les enfants habitant la même maison.

La désinfection de la classe est faite soit dans l'entre-classe, soit le soir, après le départ des élèves.

Elle comprend :

(¹) Cette prescription implique rigoureusement : 1° l'adjonction d'une chambre d'isolement au local de l'École maternelle, les enfants ne pouvant être remis à leur mère absente ;

2° D'un thermomètre permettant de prendre la température de l'enfant.

Le lavage de la classe (sol et parois) avec une solution antiseptique;

La désinfection par pulvérisation des cartes et objets scolaires appendus au mur;

La désinfection par lavage des tables, bancs, meubles, etc.

La désinfection complète du pupitre de l'élève malade.

La destruction par le feu des livres, cahiers, etc., de l'élève malade et des jouets ou objets qui auraient pu être contaminés dans l'école maternelle.

Il est adressé à la famille de chaque enfant atteint de maladie contagieuse une instruction sur les précautions à prendre contre les contagions possibles, et sur la nécessité de ne renvoyer l'enfant qu'après qu'il aura été baigné ou lavé plusieurs fois au savon et que tous ses habits auront subi soit une désinfection, soit un lavage complet à l'eau bouillante.

Les enfants qui ont été malades ne rentreront à l'école qu'après un certificat médical et qu'il se sera écoulé, depuis le début de la maladie, une période de temps égale à celle prescrite par les instructions de l'Académie de médecine.

Dans le cas où le licenciement est reconnu nécessaire, il est envoyé à chaque famille, au moment du licenciement, un exemplaire de l'instruction relative à la maladie épidémique qui l'aura nécessité.

MESURES PARTICULIÈRES

A PRENDRE POUR CHAQUE MALADIE CONTAGIEUSE

Sur l'avis du médecin inspecteur, les mesures suivantes doivent être prises, conformément aux indications contenues dans le rapport adopté par le Comité consultatif d'hygiène annexé, lorsque les maladies ci-dessous désignées sévissent dans une école.

Variole. — Eviction des enfants malades (durée : 40 jours). — Destruction de leurs livres et cahiers. — Désinfection générale. — Revaccination de tous les maîtres et élèves.

Scarlatine. — Eviction des enfants malades (durée : 40 jours). — Destruction de leurs livres et cahiers. — Désinfection générale. — Licenciement si plusieurs cas se produisent en quelques jours malgré toutes précautions.

Rougeole. — Eviction des enfants malades (durée : 16 jours). — Destruction de leurs livres et cahiers. — Au besoin licenciement des enfants au-dessous de six ans.

Varicelle. — Evictions successives des malades.

Oreillons. — Evictions successives de chacun des malades (durée : 10 jours).

Diphtérie. — Eviction des malades (durée : 40 jours). — Destruction des livres, des cahiers, des jouets et objets qui ont pu être contaminés. — Désinfections successives.

Coqueluche. — Évictions successives (durée : 3 semaines).

Teignes et pelade ([1]). — Évictions successives. — Retour après traitement et avec pansement méthodique.

Pelade. — Les épidémies de pelade ont sévi quelquefois, et dernièrement encore, dans des établissements d'instruction publique.

Pour prévenir la contagion de la pelade, sans cependant entraver l'instruction de jeunes gens atteints d'une maladie dont la transmission n'est pas fatale et dont l'évolution est souvent assez longue, l'Académie de médecine conseille l'adoption des mesures ci-après :

Les jeunes peladiques ne pourront être admis que sur la présentation d'un certificat du médecin de l'établissement attestant la possibilité de recevoir le sujet. Ils seront séparés pendant les classes et isolés pendant les récréations. Si la présence d'un de ces malades, admis ou conservés par tolérance, venait à occasionner des cas nouveaux, la tolérance cesserait aussitôt.

Pour préserver les sujets sains, les contacts immédiats seront évités en obligeant les peladiques à maintenir leur tête couverte ou au moins la partie malade. Les autres élèves seront prévenus de n'employer aucun

---

([1]) Pour les écoles maternelles et les classes enfantines, tant qu'un certificat médical n'aura pas attesté la guérison, la non-admission ou l'exclusion seront la règle, parce que la rigueur de ces mesures n'a pas pour les enfants de cet âge la même gravité que pour ceux qui sont plus avancés et parce qu'il est impossible de compter en rien sur leur concours (Circulaire de M. E. Lockroy, 10 octobre 1888).

objet appartenant à leurs camarades et particulièrement les objets qui ont été en rapport avec la tête et
la face de ceux-ci.

L'échange des coiffures, cause fréquente de transmission, sera sévèrement interdit. Les objets de toilette du malade lui seront exclusivement réservés
ainsi que sa literie, spécialement les oreillers et tra-
versins.

Enfin, comme mesures de prophylaxie générale,
l'Académie, tout en laissant au médecin traitant sa
liberté complète, demande que, pendant toute la
durée de la maladie, les élèves aient les cheveux tenus
courts sur toute la tête ; chaque matin, les parties
malades seront exactement lavées à l'eau chaude et
au savon, sans préjudice des moyens thérapeutiques
que le médecin jugera utile d'appliquer et dont il con-
serve la plus libre disposition. Ces mesures ont pour
seul but d'éliminer régulièrement de la surface de la
tête tout élément qui y serait déposé, et qui pourrait
être un agent de transmission ; elles sont absolument
de rigueur. Il sera prudent de les continuer longtemps
après la guérison confirmée, non seulement pour
assurer celle-ci, mais encore pour prémunir les sujets
sains contre la contamination directe ou indirecte, au
cas, très fréquent, de guérison imparfaite ou de réci-
dive. Enfin, tous les objets ayant été en contact avec
la tête des peladiques seront désinfectés, sinon
détruits. Cette mesure est nécessaire, même pour le
peladique, qui peut être réinfecté par ses propres
coiffures.

CIRCULAIRE

RELATIVE AUX MESURES A PRENDRE
CONTRE LA CONJONCTIVITE GRANULEUSE

(30 septembre 1891)

MONSIEUR LE RECTEUR,

J'ai l'honneur de porter à votre connaissance les présomptions formulées par l'Académie de médecine en vue des mesures à prendre dans les lycées et collèges (1) au sujet de la conjonctivite granuleuse.

1° N'accepter aucun élève dans l'établissement avant qu'il ait subi un examen des yeux au point de vue de la conjonctivite granuleuse ;

2° Sur les élèves admis à fréquenter l'établissement, pratiquer régulièrement un examen tous les trois mois au moins, et cela indistinctement, que les élèves se plaignent ou non d'affections oculaires. La raison de cet examen de la totalité des élèves tient à ce que les granulations palpébrales existent à l'état latent et qu'elles peuvent passer inaperçues, si l'on ne procède pas au renversement des paupières ;

---

(1). Dans les écoles maternelles à plus forte raison.

3° Sitôt qu'un élève offre de vraies granulations déclarées telles par un médecin compétent, on doit l'isoler et le traiter avec vigueur, de façon à éteindre au plus tôt le foyer de contamination, et à permettre à l'élève de continuer ses études ;

4° Il va de soi que ce sera au médecin d'indiquer, dans chaque cas particulier, le moment où l'élève sera autorisé à reprendre, sans danger pour les autres, le cours de ses études. Je n'ai pas besoin, Monsieur le Recteur, d'insister auprès de vous sur l'importance des conclusions de l'Académie, etc.

Léon Bourgeois.

IV

ENSEIGNEMENT

———

DÉCRET ORGANIQUE DU 18 JANVIER 1887

SUR L'ENSEIGNEMENT PRIMAIRE

TITRE I

DE L'ENSEIGNEMENT PUBLIC

CHAPITRE I. — *Écoles maternelles et classes enfantines.* — Les *écoles maternelles* sont des établissements de première éducation où les enfants des deux sexes reçoivent en commun les soins que réclame leur développement physique, moral et intellectuel.

Les enfants peuvent y être admis depuis l'âge de deux ans révolus et y rester jusqu'à l'âge de six ans.

Les *classes enfantines* forment le degré intermédiaire entre l'école maternelle et l'école primaire. Elles ne peuvent exister que comme annexe d'une école primaire élémentaire ou d'une école maternelle.

Les enfants des deux sexes y sont admis depuis l'âge de quatre ans au moins à sept ans au plus. Ils y reçoivent, avec l'éducation de l'école maternelle, un commencement d'instruction élémentaire.

Aucune école maternelle publique ne devra recevoir plus de 150 enfants, à moins d'une autorisation spéciale de l'Inspecteur d'Académie.

Dans toute école maternelle publique, les enfants sont divisés en deux sections, suivant leur âge et le développement de leur intelligence.

Si la moyenne des présences dépasse le nombre de cinquante enfants, la directrice sera aidée par une adjointe. La directrice et l'adjointe s'occuperont alternativement de l'une et de l'autre section (¹).

(¹). Cette alternance, favorable peut-être à l'éducation professionnelle des maîtresses, nous semble préjudiciable à des enfants si jeunes, qui ont besoin pour s'épanouir en toute sécurité, d'être confiés à une direction unique. La seule concession que nous puissions faire, c'est qu'une maîtresse ayant une spécialité vienne, en certains jours ou à certaines heures diriger dans chaque classe l'exercice où elle excelle.

Objet de l'école maternelle

Arrêté organique du 18 janvier 1887 et dispositions additionnelles jusqu'à juillet 1889.)

1° *Objet*. — L'école maternelle n'est pas une école au sens ordinaire du mot : elle forme le passage de la famille, à l'école, elle garde la douceur affectueuse et indulgente de la famille, en même temps qu'elle initie au travail et à la régularité de l'école.

Le succès de la directrice de l'école maternelle ne se juge donc pas essentiellement pour la somme des connaissances communiquées par le niveau qu'atteint l'enseignement, par le nombre et la durée des leçons, mais plutôt par l'ensemble des bonnes influences auxquelles l'enfant est soumis, par le plaisir qu'on lui fait prendre à l'école, par les habitudes d'ordre, de propreté, de politesse, d'attention, d'obéissance, d'activité intellectuelle, qu'il doit y contracter pour ainsi dire en jouant.

En conséquence, les directrices devront se préoccuper beaucoup moins de livrer à l'école primaire des enfants déjà fort avancés dans leur instruction que des enfants bien préparés à s'instruire. Tous les exercices de l'école maternelle sont réglés d'après ce principe général ; ils doivent aider au développement des diverses facultés de l'enfant sans fatigue, sans contrainte, sans excès d'application ; ils sont destinés à lui faire aimer l'école et à lui donner de bonne heure le goût du travail, en ne lui imposant jamais un genre de travail incompatible avec la faiblesse et la mobilité du premier âge.

Le but à atteindre, en tenant compte des diversités de tempérament, de la précocité des uns, de la lenteur des autres, ce n'est pas de les faire tous parvenir à tel ou tel degré de savoir en lecture, en écriture, en calcul ; c'est qu'ils sachent bien le peu qu'ils sauront ; c'est qu'ils aiment leurs tâches, leurs jeux, leurs leçons de toute sorte ; c'est surtout qu'ils n'aient pas pris en dégoût ces premiers exercices scolaires qui seraient si vite rebutants, si la patience, l'enjouement, l'affection ingénieuse de la maîtresse ne trouvaient moyen de les varier, de les égayer, d'en tirer ou d'y attacher quelque plaisir pour l'enfant.

Une bonne santé : l'ouïe, la vue, le toucher, déjà exercés par une suite graduée de ces petits jeux et de ces petites expériences propres à faire l'éducation des sens ; des idées enfantines, mais nettes et claires sur les premiers éléments de ce qui sera plus tard l'instruction primaire ; un commencement d'habitudes et de dispositions sur lesquelles l'école puisse s'appuyer pour donner plus tard un enseignement régulier ; le goût de la gymnastique du chant, du dessin, des images, des récits ; l'empressement à écouter, à voir, à observer, à imiter, à questionner, à répondre ; une certaine faculté d'attention entretenue par la docilité, la confiance et la bonne humeur ; l'intelligence éveillée enfin, et l'âme ouverte à toutes les bonnes impressions morales : tels doivent être les effets et les résultats de ces premières années passées à l'école maternelle, et si l'enfant qui en sort arrive à l'école primaire avec une telle préparation, il importe peu qu'il y joigne quelques pages de plus ou de moins du syllabaire.

Le programme des écoles maternelles comprend, pour les enfants les plus avancés et classés dans la première section, l'ensemble des exercices et des connaissances énumérés à l'article 4 du décret du 18 janvier 1887.

Pour les enfants les plus jeunes, classés dans la seconde section, ce programme n'est appliqué que graduellement, dans la mesure que comportent leur âge et le développement de leur intelligence.

L'enseignement dans les écoles maternelles et les classes enfantines comprend :

1° Des jeux, des mouvements gradués et accompagnés de chants ;

2° Des exercices manuels ;

3° Les premiers principes d'éducation morale ;

4° Les connaissances les plus usuelles ;

5° Des exercices de langage, des récits ou contes ;

6° Les premiers éléments du dessin, de la lecture, de l'écriture et du calcul.

Méthode

Quelle est la méthode qu'il conviendra d'appliquer aux écoles maternelles; c'est évidemment celle qui s'inspire du nom même de l'établissement, c'est-à-dire celle qui consiste à imiter le plus possible les procédés d'éducation d'une mère intelligente et dévouée.

Comme on ne se propose pas, dans les écoles maternelles, de former ou d'exercer un ordre de facultés au détriment des autres, mais bien de les développer toutes harmoniquement, on ne devra pas s'asservir à suivre avec rigueur aucune des méthodes spéciales qui se fondent sur un système exclusif et artificiel. On s'appliquera, au contraire, en prenant à toutes les méthodes particulières leurs exercices les plus simples, à former à l'aide de ces divers éléments un cours d'instruction et d'éducation qui réponde aux divers besoins du petit enfant et mette en jeu toutes ses facultés. Les exercices qu'elle comprend doivent être très variés : la leçon de choses, la causerie, le chant, les premiers essais de dessin, de lecture, de calcul, de récitation, partagent le temps avec les exercices du corps, les jeux de toute sorte et les mouvements gymnastiques. C'est une méthode essentiellement naturelle, familière, toujours ouverte à de nouveaux progrès, toujours susceptible de se compléter et de se réformer.

CIRCULAIRE DU 22 FÉVRIER 1905

ADRESSÉE A MM. LES PRÉFETS ET A MM. LES INSPECTEURS D'ACADÉMIE

Les rapports de Mmes les Inspectrices générales des écoles maternelles signalent et déplorent chaque année en même temps que des installations défectueuses et non conformes aux règles de l'hygiène, des erreurs de pédagogie graves contre lesquelles il est indispensable de réagir avec toute l'insistance et l'autorité dont vous disposez.

L'école maternelle est peu à peu dévoyée de ses fins et débordée par l'enseignement primaire. On oublie qu'elle a son objet propre; qu'elle ne doit être ni une garderie, ni une école élémentaire; qu'elle doit seulement préparer et acheminer les enfants à cette école.

Le mal vient de loin, et diverses causes ont concouru à ce résultat :

1° Le programme de 1882, trop ambitieux surtout dans sa forme, entretenait dans l'esprit des maîtresses des visées trop hautes. Il perdait trop de vue et les conditions du développement physiologique de l'enfance et les lois de son développement intellectuel. Il invitait le personnel à donner à l'enseignement une allure scientifique et à distribuer sans ordre ni méthode des notions confuses, inassimilables, propres à fausser l'esprit des enfants ou à les dégoûter plus tard de l'étude.

Instruite par l'expérience et frappée de ces défauts, l'Administration réunit une commission d'études en vue de l'allègement et de la rectification du programme; Il en résulta le programme dit *de* 1887, qui se compose de six articles énumérées, comme suit, par ordre d'importance (Voir plus haut page 64).

Malheureusement, le plan et la division des cours ainsi que le programme spécial et mensuel de leçons de choses, annexé au programme de 1882, ont été de même annexés sans modification au programme nouveau de 1887. De là une discordance tout à fait regrettable et une contradiction évidente entre le principe même de la réforme et les moyens proposés pour son application. Ce programme ancien, pour d'autres raisons encore, ne saurait plus convenir à la situation présente, l'âge maximum de scolarité des enfants ayant été abaissé de sept à six ans, et d'autre part, sa mise en pratique supposant une culture et des connaissances que la plupart de nos maîtresses sont loin de posséder.

Il faut donc rompre nettement avec cette erreur dès longtemps reconnue. Chaque maîtresse doit s'en tenir désormais à la préparation d'un plan quotidien qui réponde mieux à ses aptitudes et à ses connaissances et s'adapte plus exactement à l'âge, au caractère, au développement des enfants, aussi bien qu'aux circonstances locales.

Il est temps surtout de rappeler au personnel que le règlement de 1887 réserve expressément l'enseigne- de l'écriture et celui de la lecture aux enfants de la 1re section ; que cet enseignement n'est pas l'objet immédiat et principal de l'école maternelle et qu'il n'occupe à dessein que la sixième et dernière place dans l'énumération des matières de l'article 4.

Il est bon enfin d'ajouter que, peu avant l'Exposition de 1889, une commission composée de membres de l'Institut, de la Faculté de médecine, du Conseil supérieur de l'Instruction publique, et dite *Commission du surmenage*, très préoccupée des effets désastreux de la sédentarité et de l'enseignement intellectuel prématuré sur le développement physique de l'enfant et sur sa santé, a renchéri sur les allègements prescrits en 1887 et n'a pas craint de demander que le travail sédentaire fût entièrement proscrit dans les écoles maternelles, exigeant à tout le moins que deux exercices intellectuels ne fussent jamais consécutifs et que tous les exercices intellectuels et manuels fussent séparés par quinze minutes d'évolutions;

2° On continue à mal observer l'article 7 du décret du 18 janvier 1887, ainsi conçu : « Dans toute école maternelle publique, les enfants sont divisés en deux sections, suivant leur âge et le développement de leur intelligence. »

Dans la plupart de nos écoles, les enfants forment trois sections, quoiqu'il n'y ait que deux maitresses.

Les plus jeunes sont confiés à la femme de service, mal dressée, parce qu'elle change souvent et dépourvue trop fréquemment de toute notion d'hygiène et de propreté. Or l'école maternelle doit avant tout être une école d'hygiène et de propreté ; à défaut de la famille, c'est là que l'enfant doit en prendre le goût, l'habitude et en contracter le besoin.

Vient ensuite une deuxième section, dite *des moyens*, dont l'emploi du temps ne diffère en rien de la section des grands et où l'enseignement ne peut qu'être encore plus infructueux et de plus fâcheux effet. Quel que soit d'ailleurs le nombre des maitresses et des enfants, le sectionnement, au lieu de s'opérer en sections parallèles, comprenant des enfants du même âge, s'opère en sections superposées, où l'enseignement primaire sévit d'autant plus que le nombre des élèves augmente, parce qu'il semble plus commode pour obtenir le silence et l'immobilité et parce qu'il demande moins à l'ingéniosité et à l'effort des maîtresses ;

3° L'inspection des écoles maternelles s'exerce presque partout par les inspecteurs primaires. Ceux-ci jugent une école et apprécient les maîtresses par les progrès en lecture, écriture et calcul : sauf d'honorables mais très rares exceptions, ils ne semblent attacher qu'une importance secondaire aux soins de propreté, à la surveillance des repas, aux jeux et aux travaux manuels. Ils oublient que la meilleure école est celle où règnent les habitudes de propreté, où rayonnent la gaieté et la santé, où l'animation et la vie se concilient le mieux avec l'ordre et avec l'alternance des exercices ;

4° Les parents et les instituteurs ont une grave responsabilité dans les fautes commises par l'école maternelle. Les premiers, par ignorance et amour-propre déplacé, se croient en droit d'exiger que leurs enfants apprennent à lire et à écrire avant de savoir parler et comprendre le sens des paroles qu'on leur adresse. Les instituteurs et institutrices de l'école primaire, méconnaissant les dangers de l'effort intellectuel primaire et peu soucieux d'enseigner eux-mêmes ce qu'on appelait autrefois les trois matières obligatoires, déprécient volontiers les directrices d'écoles maternelles, si les enfants qu'elles leur envoient ne savent pas déjà lire, écrire et compter. Les uns et les autres ne semblent pas se douter que le progrès ultérieur de l'intelligence est plus sûrement procuré à l'enfant par le goût et l'habitude de l'observation personnelle et par l'apprentissage méthodique de la vision directe et réelle des objets usuels qui les entourent.

Il incombe aux inspecteurs primaires de rappeler tout le personnel à l'esprit comme à la lettre de la loi sur les écoles maternelles ;

5° Il paraît peu croyable et il est pourtant certain que trop généralement ce personnel ignore les lois, règlements et circulaires concernant les écoles maternelles. Vous devez exiger et vous assurer qu'il les connaisse et s'y reporte fréquemment, ne serait-ce que pour se confirmer dans les directions qui leur sont données et pour les opposer aux prétentions de leurs collègues de l'enseignement primaire et des familles ;

6° Enfin, il n'est que trop vrai que les municipalités, insuffisamment averties, manquent souvent à leurs obligations vis-à-vis de l'école maternelle. C'est un devoir pour l'Administration de les mettre en demeure :

a) De nommer un médecin inspecteur et de veiller à ce qu'il remplisse rigoureusement les devoirs qui lui incombent (décret organ. 1887, art. 3). Une école maternelle mal surveillée peut devenir un foyer dangereux et permanent d'infections infantiles.

b) De pourvoir les locaux scolaires :

1° De privés conformes à l'hygiène ;

2° De lavabos.

c) De fournir un mobilier scolaire proportionné à la taille des enfants ;

d) D'approprier les menus des cantines à l'âge des enfants qui fréquentent l'école ;

e) De fournir en quantité suffisante et de renouveler selon les besoins :

1° Les jouets ;

2° Le matériel indispensable aux exercices manuels.

f) De procurer le matériel nécessaire pour le balayage humide.

g) D'assainir les locaux au moins deux fois par an et après chaque épidémie.

Dans un temps où le souci de la santé publique et les questions d'hygiène générale prennent une place de plus en plus grande et légitime dans les préoccupations du Gouvernement, j'attache une importance capitale à l'observation des prescriptions contenues en cette circulaire, et je vous prie d'en assurer l'application rigoureuse.

BIENVENU-MARTIN.

Récompenses

Il est donné aux enfants, à titre de récompense, des bons points, des images ou des jouets.

A la fin de chaque mois, les bons points sont échangés contre des images ou des jouets.

Sont interdites les distributions de prix.

Les seules punitions permises sont les suivantes : privations, pour un temps très court, du travail et des jeux en commun, retrait des bons points.

Il est interdit de surcharger la mémoire des enfants de dialogues ou scènes dramatiques en vue de solennités publiques.

Il ne pourra être introduit dans l'école maternelle aucun livre, aucune brochure, ni manuscrits étrangers à l'enseignement.

Toute pétition, quête, souscription ou loterie est interdite dans l'école maternelle.

Il ne peut être toléré aucune espèce d'animaux domestiques dans les parties de l'école maternelle réservées aux enfants.

Le règlement général et le règlement spécial sont affichés dans toutes les écoles maternelles publiques, et à la mairie de toutes les communes possédant une de ces écoles.

Chaque année, la directrice adresse à l'inspectrice départementale ou, à son défaut, à l'inspecteur primaire, un rapport détaillé sur tout ce qui concerne l'établissement qui lui est confié.

Sauf décision spéciale de l'inspecteur primaire, les élèves ne passeront de l'école maternelle ou de la classe enfantine à l'école primaire qu'à l'une des trois époques suivantes : rentrée d'octobre, 1er janvier, rentrée de Pâques.

Extrait du journal « L'éducation enfantine »

Voilà donc *deux emplois du temps bien distincts*, à l'usage des écoles maternelles à deux sections [1] : celle des écoliers de deux à quatre ans et de celle des écoliers de quatre à six ans, ce qui est le type le plus fréquent et le seul qui soit prévu au règlement modèle de 1887.

Ces emplois du temps ont été combinés en consultant à la fois l'expérience de plusieurs directrices et celle des savants qui ont étudié l'enfance et mesuré les efforts que l'on peut demander à la majorité des écoliers entre deux et six ans.

D'une façon générale, il y aura donc lieu de suivre ces indications. Il est bien entendu cependant que, selon certaines particularités locales, certaines ressources, certains traits de caractère, on devra modifier quelques occupations.

Par exemple, le voisinage de la mer fournira abondamment des coquillages qui, en de fréquentes occasions, se substitueront tout naturellement à d'autres jouets plus rares peut-être, boutons, marrons, graines, etc. Il faut cependant se garder d'un matériel trop monotone, sous prétexte de difficultés à se procurer davantage. La variété est absolument nécessaire, et il serait très avantageux aux écoles d'organiser un système d'échanges qui répandrait un peu partout les richesses spéciales à nos différentes régions. De plus, nous convions les maîtresses à découvrir des nouveautés intéressantes, et non seulement à les ajouter à nos énumérations, mais encore à les communiquer au Journal qui en fera volontiers mention.

D'autre part, selon la saison, il pourra être bon de changer momentanément les heures de certaines occupations : ainsi, pour éviter que les plus mouvementées soient aux heures chaudes de l'été, — au contraire, il faudra mettre aux heures les plus claires de l'hiver celles qui demandent le plus d'effort visuel.

Enfin dans les écoles à une seule maîtresse, il sera indispensable de combiner les deux emplois du temps afin que les petits y trouvent des passe-temps à leur portée conjointement avec les grands, ou bien tandis que ceux-ci seront autrement occupés de leur côté.

En résumé, c'est un devoir pour chaque maîtresse d'adapter minutieusement l'emploi du temps aux circonstances, afin d'en tirer le meilleur parti possible pour le bien être et le bon développement des enfants.

S. Brès.

---

[1]. Il peut y avoir d'ailleurs dans chaque école autant de sections parallèles que le permet le nombre des maîtresses.

NOMS DES JOURS	9 heures à 9 h. 15'	9 h. 15' à 9 h. 30'	9 h. 30' à 9 h. 45'	9 h. 45' à 10 heures	10 heures à 10 h. 15'	10 h. 15' à 10 h. 45'
Lundi	Passage aux privés — Suspension des vêtements — Lavabos	Lecture d'Image	Passage aux privés — Évolutions au grand air	Constructions Cubes Bobines Marrons	Passage aux privés — Évolutions au grand air — Rondes et jeux	**Jeux Libres** Objets à traîner chariots, seaux, etc. (Dans la cour le plus souvent possible)
Mardi		**Vocabulaire** OBSERVATION D'OBJET — Les leçons de vocabulaire sont une énumération de mots relatifs à un objet qu'on a sous les yeux : Ses parties, ses usages, etc. Les objets sont *vraiment présents toujours.*		**Dessin** avec lattes, bâtonnets **Essais** de crayonnages		**Gymnastique** et Étude de Rondes et Jeux
Mercredi		**Guignol** ou **Historiette** sur l'image de lundi		**Constructions Briques Animaux de Bois**		**Jeux Libres** (comme lundi)
Vendredi		**Vocabulaire** (Observation d'objets)		**Dessin** avec boutons, cailloux, graines diverses, coquillages, crayonnages		**Jeu Libre** et **Jeu dirigé** Marche sur planchette courses califourchon, etc.
Samedi		**Guignol** ou **Historiette** mimée		**Jeux et Exercices** avec pliages faits par les grands		**Gymnastique** et études de rondes et jeux **Jeux Libres**

Tous les jours, à l'arrivée des enfants : Inspection sérieuse et détaillée de la tenue } Propreté — Visite des paniers. Ordre.

Dans chaque école, il y aura lieu d'établir les listes suivantes : {
1° Liste des jouets possédés ;
2° — des jeux à enseigner ;
3° — des évolutions à enseigner ;
4° — des soins de toilette et soins ménagers à enseig…

DES ÉCOLES MATERNELLES

DÉPARTEMENT
DU
Cher

DES PETITS

10 h. 45' à 11 heures	11 heures à 2 heures	2 heures à 2 h. 15	2 h. 15' à 2 h. 35'	2 h. 35' à 2 h. 45	2 h. 45' à 3 heures	3 heures à 3 h. 15	3 h. 15' à 3 h. 45	3 h. 45 à 4 heures
Prise et mise des vêtements — Appel	Déjeuner et récréation	Passage aux privés — Suspension des vêtements — Lavabo	**Travail manuel** Parfilage	Exercices rythmiques de respiration profonde au grand air	**Chant** Récitation	Passage aux privés — Évolutions au grand air	**Poupées** Jeux dirigés 15' Jeux libres 15'	Prise et mise des vêtements — Appel
			Travail manuel Pliage		**Toilette** Apprendre aux enfants à se laver la figure, le cou, les mains, à s'habiller, à se déshabiller, à se peigner, à se boutonner, à se déboutonner, lacer leurs souliers, les délacer, nouer les cordons, etc.		**Balles** Jeux libres 15' Jeux dirigés 15'	
			Travail manuel Perles		**Chant** Récitation		**Poupées** (comme lundi)	
			Travail manuel Pliage et Déchirage		**Toilette** (Mêmes exercices que mardi soir)		**Balles** Jeux comme mardi	
			Travail manuel Perles		**Toilette** (Mêmes exercices que mardi)		**Jeux dirigés** Genre du Pont d'Avignon	

Mlle Brès, inspectrice générale des Écoles maternelles, a fait à l'École normale d'Institutrices, sur les Écoles maternelles, une conférence dont le compte rendu a été inséré au *Bulletin départemental*.

Pour faciliter la mise en pratique des conseils donnés par Mlle Brès, M. l'Inspecteur d'Académie a établi le présent emploi du temps, qui a été revu et mis au point par Mme l'Inspectrice générale.

Cet emploi du temps devra être suivi dans toutes les Écoles maternelles du Cher.

Bourges, le 1er Octobre 1904.

L'Inspecteur d'Académie,
Maurice BERTHELOT.

EMPLOI DU TEMPS

Enfants au-dessous de 7 ans. Emploi du temps établi par le Comité d'hygiène en 1888.

MATIN
- 20 minutes Exercices intellectuels.
- 15 — Evolutions, jeux et chants.
- 20 — Exercices manuels.
- 15 — Evolutions, etc.
- 20 — Exercices intellectuels.

NOMS DES JOURS	9 heures à 9 h. 15	9 h. 15 à 9 h. 30'	9 h. 30' à 9 h. 40'	9 h. 40' à 10 heures	10 heures à 10 h. 15	10 h. 15' à 10 h. 45'	10 h. 45' à 11 heures	11 heures à 2 heures
Lundi	Passage aux privés — Suspension des vêtements — Lavabo	Lecture d'Image	Passage aux privés — Évolutions au grand air	Dessin ou Écriture en rapport avec l'image	Passage aux privés — Évolutions au grand air — Rondes et Jeux	Lecture	Prise et mise des vêtements — Appel	Déjeuner et récréation
Mardi		Vocabulaire — OBSERVATION D'OBJET. Les leçons de vocabulaire sont une énumération de mots relatifs à un objet qu'on a sous les yeux : Ses parties, ses usages, etc. Les objets sont vraiment présents toujours.		Jeu dirigé 10' Jeu libre 10' (Poupées)		Lecture		
Mercredi		Historiette sur l'image du lundi		Jeu tranquille dirigé. Pigeon-vole — Main chaude — Objet caché — Colin-maillard — à la devinette.		Lecture		
Vendredi		Vocabulaire (Observation d'objet) Vocabulaire (Conjugaison orale)		Dessin ou Écriture se rapportant à l'objet		Lecture		
Samedi		Historiette ou Causerie sur les animaux ou Leçon de Choses etc.		Jeu dirigé comme mercredi		Lecture		

Tous les jours, à l'arrivée des enfants : Inspection sérieuse et détaillée de la tenue. { Propreté. — Visite des paniers. Ordre.

Dans chaque école, il y aura lieu d'établir les listes suivantes :
- 1° Liste des jouets possédés;
- 2° — des jeux à enseigner;
- 3° — des évolutions à enseigner;
- 4° — des soins de toilette et soins ménagers à enseigner.

...DES ÉCOLES MATERNELLES

...DU CHER

...DES GRANDS

Enfants au-dessous de 7 ans. Emploi du temps établi par le Comité d'hygiène en 1888.

SOIR
- 20 minutes Exercices manuels.
- 15 — Evolutions, etc.
- 20 — Exercices intellectuels.
- 15 — Evolutions, etc.
- 20 — Exercices manuels.

...à 2 h. 15'	2 h. 15' à 2 h. 45'	2 h. 45' à 3 heures	3 heures à 3 heures 15'	3 h. 15' à 3 h. 30'	3 h. 30' à 3 h. 50'	3 h. 50' à 4 heures
Passage aux privés — Suspension des vêtements — Lavabo	**Travail manuel** Pliage ou autre (Répétition des mêmes objets pour les petits)	Passage aux privés — Exercices rythmiques de respiration profonde au grand air	**Écriture** Les signes d'écriture doivent être enseignés et étudiés comme des dessins. — En outre, les enfants doivent être très surveillés pour éviter les mauvaises habitudes qui amènent les déviations corporelles, les maladies visuelles. Il faut donc faire des leçons d'écriture, continuellement dirigées par la maîtresse.	Passage aux privés — Évolutions au grand air	**Gymnastique** et études de rondes et jeux préau ou plein air	Prise et mise des vêtements — Appel
	Travail manuel Tissage ou autre		**Calcul oral** **Calcul écrit** avec dessins		**Jeu dirigé 10'** **Jeu libre 10'** (Balles)	
	Travail manuel Variété selon la saison		**Toilette** Apprendre aux enfants à se laver la figure, le cou, les oreilles, les mains, se peigner, s'habiller, se déshabiller, se boutonner, se déboutonner, lacer leurs souliers, les délacer, nouer les cordons, etc.		**Chant** **Récitation**	
	Travail manuel Pliage et découpage ou autre (Répétition comme lundi)		**Calcul oral** **Calcul écrit** avec dessins		**Études** **de rondes** **et Jeux**	
	Travail manuel Tissage ou autre (comme mardi)		**Toilette** (Mêmes exercices que mercredi)		**Chant** **Récitation**	

Mlle Brès, Inspectrice générale des Écoles maternelles, a fait à l'École normale d'Institutrices, sur les Écoles maternelles, une conférence dont le compte rendu a été inséré au *Bulletin départemental*. Pour faciliter la mise en pratique des conseils donnés par Mlle Brès, M. l'Inspecteur d'Académie a établi le présent emploi du temps qui a été revu et mis au point par Mme l'Inspectrice générale. Cet emploi du temps devra être suivi dans toutes les Écoles maternelles du Cher.

Bourges, le 1ᵉʳ octobre 1904.

L'inspecteur d'Académie,
Maurice BERTHELOT.

TABLE DES MATIÈRES

TOURS, IMPRIMERIE DESLIS FRÈRES, 6, RUE GAMBETTA

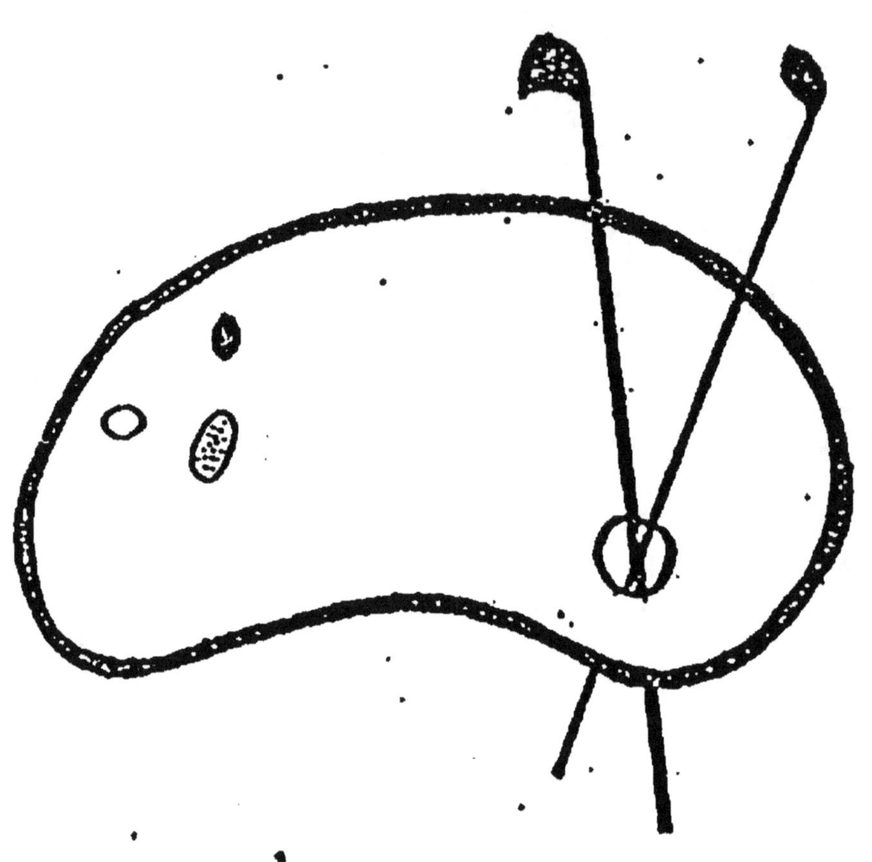